¡QUE VIVAN LOS VETERINARIOS!

por Kurt Waldendorf

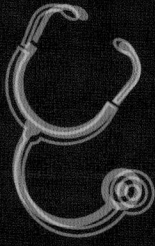

EDICIONES LERNER ◆ MINNEAPOLIS

Nota para los educadores:

En todo este libro, usted encontrará preguntas de reflexión crítica. Estas pueden usarse para involucrar a los jóvenes lectores a pensar de forma crítica sobre un tema y a usar el texto y las fotos para ello.

Traducción al español: copyright © 2018 por ediciones Lerner
Título original: *Hooray for Veterinarians!*
Texto: copyright © 2018 por Lerner Publishing Group, Inc.

La traducción al español fue realizada por Annette Granat.

ediciones Lerner
Una división de Lerner Publishing Group, Inc.
241 First Avenue North
Mineápolis, MN 55401, EE. UU.

Si desea averiguar acerca de niveles de lectura y para obtener más información, favor consultar este título en www.lernerbooks.com

Library of Congress Cataloging-in-Publication Data

Names: Waldendorf, Kurt.
Title: ¡Que vivan los veterinarios! / por Kurt Waldendorf.
Other titles: Hooray for veterinarians! Spanish
Description: Minneapolis : Ediciones Lerner, [2018] | Series: Bumba books en español. ¡Que vivan los ayudantes comunitarios!
   | Audience: Age 4–7. | Audience: K to grade 3. | Includes bibliographical references and index.
Identifiers: LCCN 2016042735 (print) | LCCN 2016046704 (ebook) | ISBN 9781512441338 (lb : alk. paper) | ISBN
   9781512453911 (pb : alk. paper) | ISBN 9781512449808 (eb pdf)
Subjects: LCSH: Veterinarians—Juvenile literature.
Classification: LCC SF756 .W3518 2018 (print) | LCC SF756 (ebook) | DDC 636.089092—dc23

LC record available at https://lccn.loc.gov/2016042735

Fabricado en los Estados Unidos de América
1 – CG – 7/15/17

Expand learning beyond the printed book. Download free, complementary educational resources for this book from our website, www.lerneresource.com.

Tabla de contenido

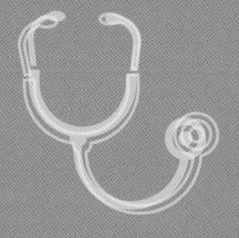

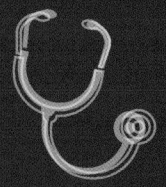

Doctores de animales

Los veterinarios son doctores

de animales.

Ellos ayudan a que los animales

se mantengan sanos.

Los veterinarios aman

a los animales.

Estos doctores los revisan

con herramientas.

Ellos saben cómo funciona

el cuerpo de los animales.

¿Por qué examinan los veterinarios los oídos de los animales?

Los animales no pueden decir

qué les duele.

Los veterinarios los examinan.

Ellos encuentran qué les pasa

a los animales.

Algunos veterinarios tratan animales grandes.

Este caballo se lastimó la pata.

La veterinaria se la va a arreglar.

¿Qué otros animales grandes podría tratar un veterinario?

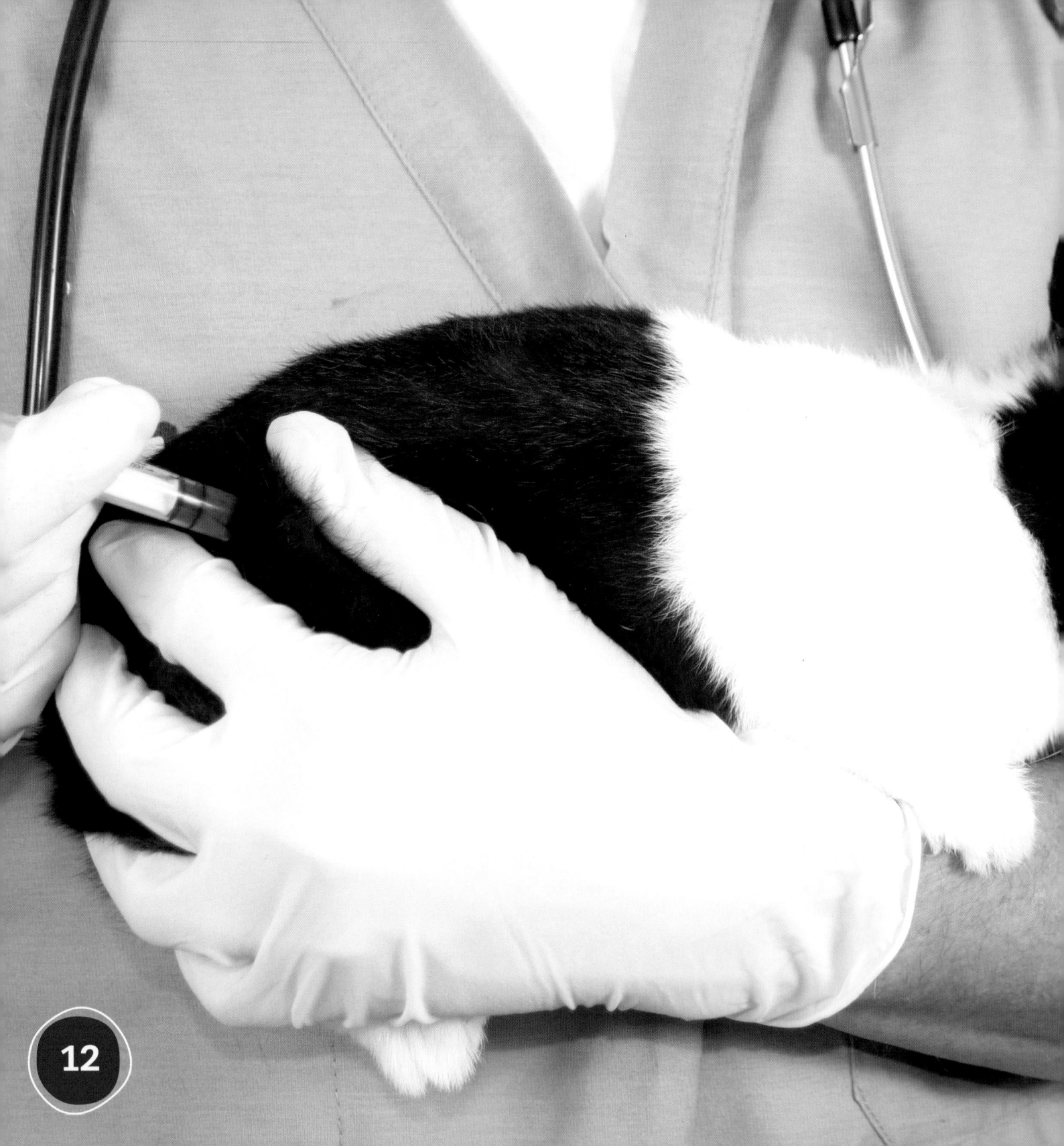

Algunos veterinarios tratan animales pequeños. La gente les lleva sus mascotas a los veterinarios. Este veterinario le está poniendo una inyección a un conejo.

Los veterinarios también ayudan

a animales salvajes.

Este pájaro se lastimó el ala.

El veterinario la sanó.

Pronto el pájaro volará nuevamente.

Los animales a veces se asustan.

Los veterinarios les hablan

a los animales.

Los acarician.

Ayudan a mantenerlos calmados.

¿Por qué piensas
que la visita al
veterinario asusta
a los animales?

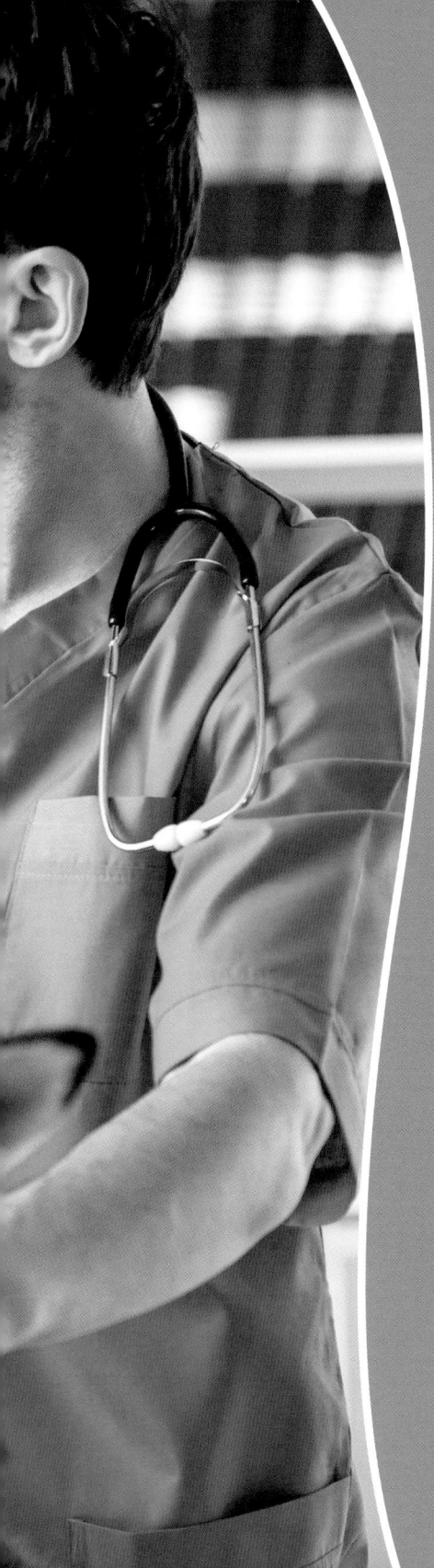

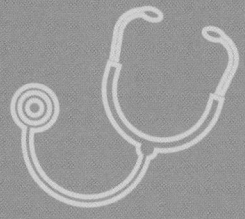

Los veterinarios

trabajan mucho.

Estudian en la universidad

hasta por ocho años.

Ellos aprenden cómo

ser veterinarios.

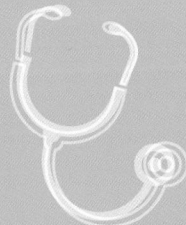

Los veterinarios ayudan

a muchos animales.

Mantienen sanos a los animales.

Herramientas de los veterinarios

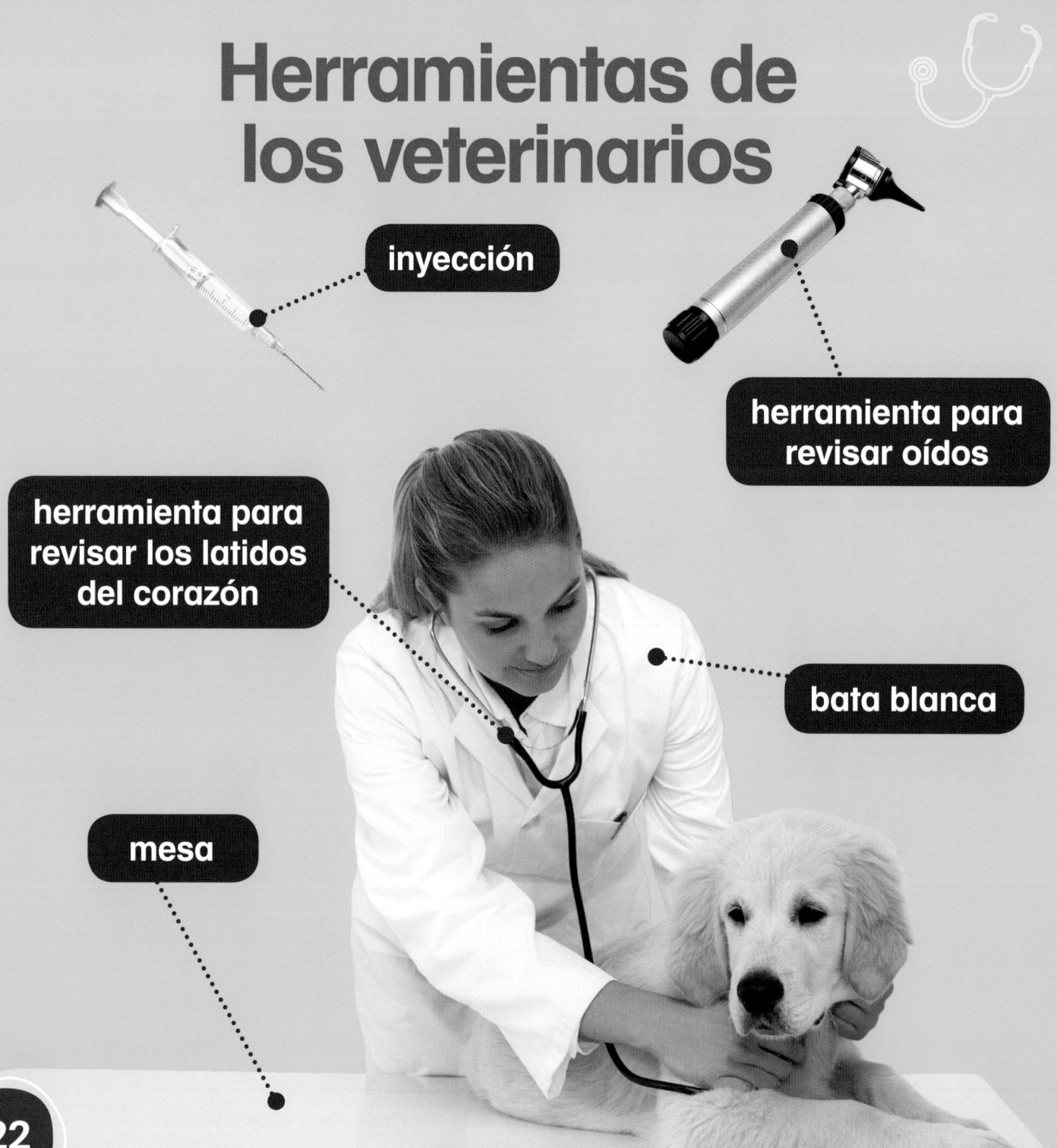

inyección

herramienta para revisar oídos

herramienta para revisar los latidos del corazón

bata blanca

mesa

22

Glosario de las fotografías

animales salvajes

animales que viven en la selva y no son mascotas

examinar

observar algo con cuidado para entender qué está mal

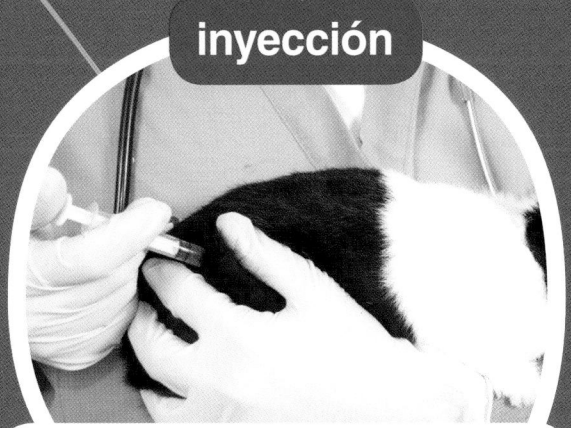

inyección

medicina que se empuja a través de una jeringa

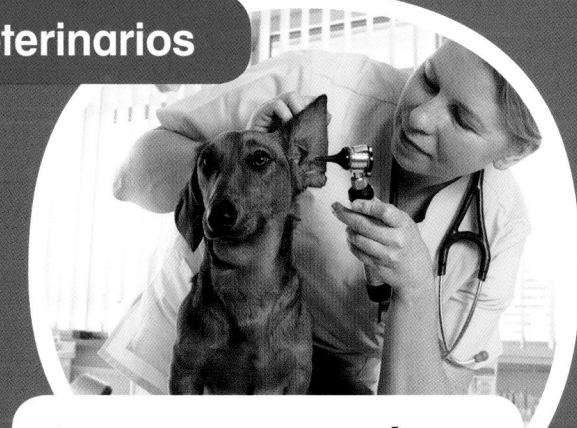

veterinarios

doctores que están entrenados para tratar animales enfermos o lastimados

Leer más

Bellisario, Gina. *Let's Meet a Veterinarian.* Minneapolis: Millbrook Press, 2013.

Miller, Connie Colwell. *I'll Be a Veterinarian.* Mankato, MN: Amicus, 2016.

Somervil, Barbara A. *Veterinarian.* Ann Arbor, MI: Cherry Lake Publishing, 2016.

—

Índice

Crédito fotográfico

Las fotografías en este libro se han usado con la autorización de: © Susan Chiang/iStock.com, p. 5; © gajdamak/Shutterstock.com, pp. 6–7, 22 (esquina superior derecha), 23 (esquina inferior izquierda); © Sonsedska Yuliia/Shutterstock.com, pp. 8, 23 (esquina superior derecha); © fotoedu/iStock.com, p. 11; © aabejon/iStock.com, pp. 12–13, 23 (esquina superior izquierda); © Raquel Pedrosa/Shutterstock.com, pp. 15, 23 (esquina inferior derecha); © Lucky Business/Shutterstock.com, p. 16; © VGstockstudio/Shutterstock.com, p. 18–19; © StockLib/iStock.com, p. 21; © Wavebreakmedia/iStock.com, p. 22 (inferior); © Andrew Rafalsky/Shutterstock.com, p. 22 (esquina superior izquierda).

Portada: © Rocketclips, Inc./Shutterstock.com.

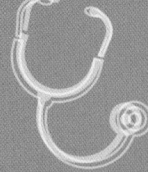

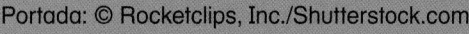